GANDHI

La fuerza de la no violencia

Por Mélanie Mettra
Traducido por Marina Marín Serra

Historia 

MOHANDAS KARAMCHAND GANDHI　　1

BIOGRAFÍA　　3

Una formación a la inglesa
La aventura africana
El retorno a la India
La hora de la desilusión

CONTEXTO　　11

Una Sudáfrica bajo el dominio británico
El Imperio de las Indias
La sociedad india a principios del siglo XX

MOMENTOS CLAVE　　16

Dos décadas africanas
La India: de la lealtad a la autonomía
Hacia la independencia
La simplicidad voluntaria, arma moral y política

REPERCUSIONES　　28

La humanidad de un símbolo: realidades y controversias
El asesinato del Mahatma y la sacralización del padre de la nación
Una independencia sangrienta y transformadora

EN RESUMEN　　34

PARA IR MÁS ALLÁ　　37

MOHANDAS KARAMCHAND GANDHI

- **¿Nacimiento?** El 2 de octubre de 1869 en Porbandar (estado de Gujarat, India).
- **¿Muerte?** El 30 de enero de 1948 en Delhi (India).
- **¿Principales aportaciones?**
  - El concepto de satyagraha (desobediencia civil no violenta) y de simplicidad voluntaria.
  - La independencia de la India.

Gandhi es una de las figuras emblemáticas de la independencia de la India. Sin embargo, no parecía que el destino de este joven tímido y torpe fuera convertirse en uno de sus símbolos. No siempre fue el hombre de convicciones vestido de blanco del imaginario colectivo. Todavía entregado a la corona británica, intentando mezclarse en la sociedad inglesa mediante el conformismo vestimentario y profesional, le harán falta varios años de desilusiones antes de contemplar el hecho de separar el destino de la India del de Gran Bretaña. Y en esta evolución, su fuerza moral, más que sus acciones, inspira a sus discípulos, entre los que se encuentra el constructor de la India independiente Jawaharlal Nehru (1889-1964).

Los combates de Gandhi se enmarcan, ante todo, en un contexto colonial, y no solamente en la India. De joven, tan pronto como acaba sus estudios en una escuela londinense, inicia su carrera como abogado en Sudáfrica, donde se ve confrontado a las discriminaciones que afectan a sus compatriotas. Allí, elabora su visión de la desobediencia civil no violenta y de la simplicidad voluntaria, forjando la imagen de un hombre sabio y justo. Sin embargo, Gandhi se encuentra lleno de ambigüedades, debatiéndose entre sus deseos espirituales y materiales, y a menudo imponiendo su voluntad de forma autoritaria a sus allegados, conservando una visión tradicional de la sociedad hindú y de su jerarquía que intenta conservar, privando a veces a sus luchas de su carácter universal. La herencia de Gandhi, más allá de la idealización que le despoja de su lado humano, es finalmente la esperanza —aunque esté desmentida por la realidad— de una sociedad sin violencia.

BIOGRAFÍA

UNA FORMACIÓN A LA INGLESA

Mohandas Karamchand Gandhi nace el 2 de octubre de 1869 en Porbandar, en el estado de Gujarat, en el centro-oeste de la India. Su padre, Karamchand Gandhi (1822-1886), proviene de la casta de los mercaderes, y fue primer ministro del principado de Porbandar; su madre es la cuarta esposa de este último. Sus años como adolescente se ven marcados por su matrimonio, en 1882, cuando tiene 13 años, con Kasturba Makanji (1869-1944). En 1886, cuando su padre muere y nace su primer hijo, que no sobrevive al parto, Gandhi decide ir a estudiar a Londres, capital del Imperio británico, del que la India es una colonia. Su casta se opone, pero Gandhi, que cuenta con el apoyo de su madre, se salta la prohibición y zarpa en septiembre de 1888, dejando en Porbandar a su joven esposa y a su hijo recién nacido, Harilal (1888-1948).

Vive en Londres hasta 1891, estudiando derecho e intentando mezclarse en la sociedad inglesa. Lleva traje y sombrero, aprende a bailar, toma clases de dicción, pero se mantiene firme en su alimentación. Tras algunos desafortunados intentos de consumir carne, vuelve al vegetarianismo e incluso entra en la Sociedad Vegetariana de la capital, escribiendo algunos artículos para su revista. Es admitido en el colegio de abogados y emprende el camino de vuelta a casa. Llega a tiempo para acompañar la muerte de su madre y el nacimiento de su hijo menor Manilal (1892-1956). Empieza a trabajar en un gabinete de abogados, pero es un litigante pésimo a causa de su timidez enfermiza, hasta tal punto que incluso hace que se desmaye en pleno tribunal. Sin embargo, es eficaz en la gestión de los archivos, lo que hará que lo envíen a Sudáfrica para defender los intereses de los mercaderes indios de la Dada Abdullah and Co.

LA AVENTURA AFRICANA

Llega a la provincia de Natal en 1893 y se instala en Durban. Allí experimenta la discriminación y, forzando a su carácter hasta entonces tímido, se implica en la lucha por la defensa de los derechos de los ciudadanos procedentes de la India. Se une al grupo de los mercaderes de Gujarat y participa activamente en la redacción de peticiones y en la organización de protestas contra la ley que amenaza con privarlos del derecho a voto en las elecciones. En 1894, funda el Congreso Indio de Natal, inspirado en el Congreso de la India, que regula las relaciones entre la colonia y su metrópoli británica.

Gandhi (en el centro) delante de su bufete de abogados, 1905.

Al ver que su misión, que debía durar un año, se alarga, hace que su familia vaya en 1896. Esta se amplía con el nacimiento de Ramdas (1897-1969) y Devdas (1900-1957). En 1901, durante un breve regreso a la India, abre su propio bufete de abogados, primero en Rajkot y luego en Bombay. En 1905, de vuelta en Sudáfrica, hace lo mismo en Johannesburgo. Su éxito profesional le asegura un salario muy cómodo y una reputación que irrita a los ingleses, de quienes dependen tanto los estados del sur de África como la India. Efectivamente, se acerca a los independentistas indios y fuerza a Gran Bretaña a intervenir en las disputas que le oponen a los líderes sudafricanos.

Después de la independencia de Transvaal (1 de enero de 1907) y la adopción de una ley para restringir la inmigración procedente de la India, Gandhi pone en marcha una nueva forma de lucha: la desobediencia civil. A lo largo de su viaje africano, marcado por el encarcelamiento, sigue siendo fiel a la corona británica, creando por ejemplo una compañía de camilleros durante la segunda guerra de los bóers (1899-1902) o brindándole su apoyo y el de la población india durante la Primera Guerra Mundial (1914-1918).

EL RETORNO A LA INDIA

Gandhi se va de Sudáfrica en 1913 y hace una estancia en Gran Bretaña antes de volver a su tierra natal. Rápidamente, vuelve a lanzarse al combate por la defensa de las poblaciones oprimidas o desfavorecidas. Comparte la vida de los intocables, excluidos del sistema de las castas, y defiende a los agricultores que cultivan índigo y a los obreros del textil.

Mientras lleva a cabo sus luchas, recurriendo siempre a la no violencia y a la desobediencia civil, emprende una reforma moral personal. Decide llevar el traje indio y practicar la simplicidad en todos los gestos cotidianos (frugalidad alimentaria, abstinencia sexual, vida espiritual, etc.).

Sin embargo, en los años veinte, endurece su batalla frente a una represión británica a veces sangrienta durante las manifestaciones, como la de Amritsar, que causa cerca de 400 víctimas en 1919. La lucha de Gandhi, que después de las cárceles africanas le lleva a cárceles indias, se mueve de manera irrevocable hacia la independencia de su país. En 1930, se distingue nuevamente por una brillante acción, la marcha de la sal. Para denunciar el monopolio de la recogida de la sal y los impuestos recibidos por los colonos británicos, recorre los 400 kilómetros que separan su áshram (lugar de meditación y enseñanza hinduista) de la playa de Dandi a pie, seguido poco a poco por miles de simpatizantes.

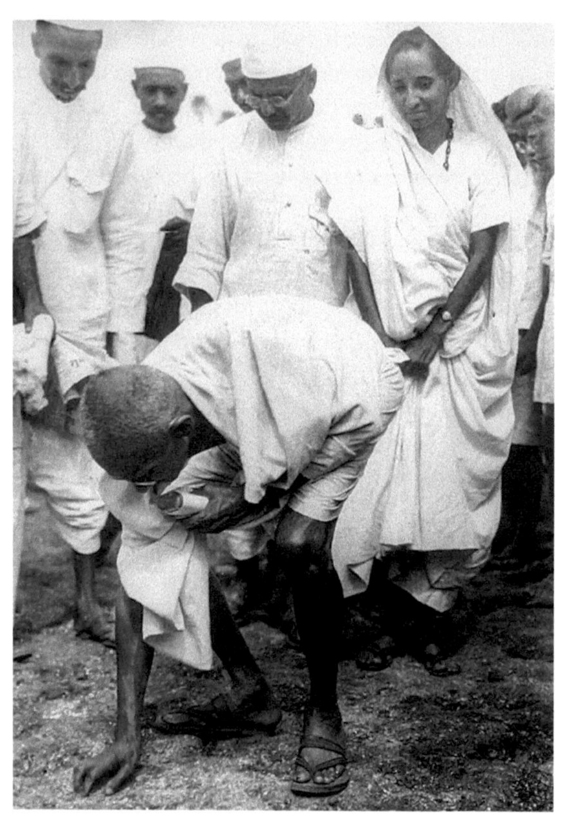

Gandhi recogiendo la sal en la playa el 5 de abril de 1930, al final de la marcha de la sal.

Cuando se inicia la Segunda Guerra Mundial, el Congreso de la India presenta su apoyo a Gran Bretaña con la condición de obtener la independencia. Gandhi, defensor de la no violencia, se distancia del Congreso, que está dispuesto a participar en el conflicto a cambio de la independencia. Sin embargo, en agosto de 1942, en Bombay, pronuncia su discurso titulado «*Quit India*» («Dejad la India»), estimulando una desobediencia civil masiva para forzar a los británicos a abandonar el territorio indio. Detenido de nuevo, es puesto en libertad en 1944 y asiste al fin del dominio británico en la India.

LA HORA DE LA DESILUSIÓN

Gandhi se enfrenta, a lo largo de sus años de lucha no violenta, con una realidad a menudo cruel y mortífera. La independencia de la India es probablemente una de sus mayores heridas. De hecho, cuando Gran Bretaña nombra lord a Louis Mountbatten (1900-1979), virrey de la India con la misión de negociar la independencia con la nación india, esta se encuentra profundamente dividida entre los musulmanes de la Liga Musulmana dirigida por Ali Jinnah (1876-1948), y el Congreso (que incluye a hindúes, laicos y musulmanes moderados) representado por Jawaharlal Nehru. La declaración del 15 de agosto de 1947 formaliza la división de la India en dos estados, la Unión de la India (en su mayoría hindú) y Pakistán (musulmán). Para Gandhi, eso representa una «vivisección», una profunda herida infectada con las masacres de después de la separación. Intenta restaurar la paz entre las comunidades con su carisma, pero es asesinado en Delhi el 30 de enero de 1948 por un fanático hindú, Nathuram Godse (1910-1949).

EL MAHATMA

El calificador Mahatma («gran alma» en sánscrito)

atribuido a Gandhi se lo dio el poeta indio de idioma bengalí Rabindranath Tagore (1861-1841), ganador del Premio Nobel de Literatura en 1913, con quien mantiene una profunda amistad.

CONTEXTO

UNA SUDÁFRICA BAJO EL DOMINIO BRITÁNICO

A finales del siglo XIX, Sudáfrica todavía no es un país de pleno derecho como en la actualidad. Descubierta por los portugueses, son los holandeses de la Compañía de las Indias Orientales los que se instalan por primera vez en el lugar a mediados del siglo XVI, en factorías comerciales en la costa, en particular en el Cabo. Colonizan poco a poco el territorio del interior, en detrimento de las poblaciones lo-cales, con las que se enfrentan con regularidad. A los bóers («campesinos») holandeses se les unen, a finales del siglo XVI, protestantes franceses que huyen de su país después de la revocación del Edicto de Nantes (1598) con el fin de escapar de la persecución.

A principios del siglo XIX, los británicos adquieren la colonia del Cabo a través del Tratado de París, firmado en 1814, des-pués de la guerra entre Napoleón I (1769-1821) y la coalición de los aliados europeos. La administración británica pro-voca rápidamente el descontento de los bóers. Una parte de ellos abandonan la provincia del Cabo entre 1835 y 1837 para conquistar nuevas tierras. Este movimiento se llama el gran trek y es una especie de epopeya teñida de misticismo cristiano que crea la cultura afrikáner (mezcla de tradiciones holandesas y protestantes, y nombre de la lengua nacida del mestizaje entre el holandés, el francés y las lenguas africa-nas locales). Los bóers fundan en 1840 el estado de Natal, en la costa este de la colonia del Cabo. Allí se enfrentan primero a los zulúes y luego de nuevo a los ingleses, que se anexionan el Natal en 1843. Los bóers se exilian de nuevo y se reúnen en dos repúblicas, el Transvaal (1852) y el Estado Libre de Orange (1854). Pero este respiro no dura mucho: los bóers todavía se enfrentan a los zulúes, a los que despojan de sus tierras, y, una década después de su instalación, a los ingleses, y especialmente a la British South Africa Company de Cecil Rhodes (empresario y político inglés, 1853-1902), primer ministro de la colonia del Cabo, que codicia los territorios afrikáners por su riqueza en diamantes y oro.

La primera guerra de los bóers estalla en 1880 y, un año más tarde, se termina con la derrota de los británicos. Frente a las medidas de represalia que toma el presidente del Transvaal Paul Kruger (1825-1904) hacia los extranjeros, y en particular hacia los británicos y los alemanes, Gran Bretaña intenta llevar a cabo una nueva invasión. La segunda guerra de los bóers comienza en 1899 y continúa hasta 1902. Se termina con el Tratado de Vereeniging que hace del Transvaal y del Estado de Orange colonias inglesas con un gobierno autónomo bóer. En 1910, Inglaterra reagrupa todas sus colonias, convertidas en dominios tras la independencia de algunas, en el seno de la Unión Sudafricana. Esta está dirigida por un gobernador general nombrado por el Gobierno británico y por un primer ministro electo, responsable ante el Parlamento, que a su vez se compone de una Asamblea y un Senado. Esta nueva unión entre los británicos y los afrikáners conduce, en la segunda década del siglo XX, a las primeras discriminaciones raciales contra los indios y los negros.

EL IMPERIO DE LAS INDIAS

Al igual que los Estados de África del Sur, la India de finales del siglo XIX se encuentra bajo dominio británico. Una vez más, esto se realiza a través de la implantación comercial. Después del descubrimiento del continente por parte de los portugueses, que crean factorías comerciales en el lugar en el siglo XV, los ingleses de la East India Company, la Compañía holandesa de las Indias Orientales y la Compañía francesa de las Indias Orientales compiten durante los siglos siguientes. La India se divide entonces en una multitud de estados, reinos, sultanatos y principados, gobernados por gobernantes de diferentes etnias y religiones.

La implantación europea se lleva a cabo a costa de muchos conflictos, pero también de alianzas, que reproducen la complejidad del tablero europeo en el territorio indio. A merced de las guerras entre holandeses, franceses e ingleses en el siglo XVIII, las factorías pasan de mano en mano. Finalmente, la East India Company obtiene el monopolio del comercio en la India a partir de los años 1760. Su poder económico se basa en la fuerza militar, primero encargada de proteger las ciudades ocupadas por los británicos (Madrás, Calcuta, Bombay) y luego de recaudar los impuestos a las personas que dependen de ella. La conquista de los territorios es el resultado de una política de expansión comercial y de debilitamiento de los poderes locales que todavía pueden poner fin al dominio británico.

A lo largo de la primera mitad del siglo XIX, mientras que el Gobierno británico releva gradualmente a la East India

Company en la gestión administrativa de los territorios ingleses en la India, los distintos gobernadores organizan expediciones de colonización, muy a menudo mortíferas. A partir de 1858, después de la rebelión de los cipayos (soldados del norte de la India), el gobierno de este mosaico de provincias está asegurado definitivamente por la corona británica, y la East India Company se disuelve. El imperio de las Indias, en parte bajo el control directo de la autoridad de Londres y en parte compuesto de reinos autónomos bajo protectorado, está dirigido por un virrey. El mismo, bajo la supervisión del secretario de Estado de la India, miembro del Gobierno británico, delega su autoridad nombrando a gobernadores provinciales. Todos los puestos de altos funcionarios y la mayoría del comercio y la industria están en las manos de los británicos. En respuesta a este dominio colonial, emerge un nacionalismo indio, que crece poco a poco.

LA SOCIEDAD INDIA A PRINCIPIOS DEL SIGLO XX

Más del 90% de la población india es rural. La mayor parte de la producción agrícola (té, especias, arroz, café, azúcar, algodón, índigo) se destina a la exportación, así como los productos de la minería (carbón, minerales) y de la industria, especialmente textil (transformación de yute y algodón). Esta se concentra en unos pocos centros urbanos dinámicos. La economía de la India se basa en un sistema colonial injusto que sirve a los intereses de la metrópoli: exporta sus materias primas e importa los productos manufacturados, sobre todo procedentes del mercado inglés. Para las empresas británicas es una fuente de ganancias significativa: reciben los beneficios de las exportaciones de la India hacia el extranjero y de las importaciones de los productos británicos hacia la India. Frente a la agricultura de plantación, la producción de alimentos se reduce. Las industrias, sin el desarrollo de un mercado interior, aun cuando son propiedad de los indios, son totalmente dependientes del comercio exterior y de los capitales extranjeros.

Además de esta precariedad mantenida por el poder colonial y una fiscalidad cada vez más pesada, la sociedad india también está sujeta a normas internas que dificultan su desarrollo. De hecho, está dividida en castas (*varna*), cuya desconfianza entre ellas hace que haya pocas posibilidades de una unión contra un poder abusivo. Se basan en la ideología de la desigualdad natural de los hombres procedente del hinduismo. En la parte superior de esta sociedad jerarquizada están los brahmanes (sacerdotes), seguidos por los guerreros, los mercaderes y el resto de la población. Quedan excluidos de esta clasificación los intocables (*dalits*), categoría específica de la población que practica las profesiones llamadas impuras (por lo general, las que están en contacto con la sangre), sujetos a una importante segregación. Aunque el hinduismo reconoce la necesaria interdependencia de las castas para el buen funcionamiento de la sociedad, se opone a cualquier posibilidad de cambio de casta y se caracteriza por una fuerte endogamia. La India que camina hacia la independencia es un frágil coloso, tanto económica como culturalmente. Ante el ocupante británico, Gandhi intentará unificar esta diversidad de lenguas, tradiciones, religiones y mentalidades.

MOMENTOS CLAVE

DOS DÉCADAS AFRICANAS

Una llegada accidentada

La presencia de mucha población india en Sudáfrica data de 1860. De hecho, los plantadores tenían poca confianza en las poblaciones zulúes con las que estaban en conflicto. Así que habían traído a indios para garantizar la explotación de sus tierras. A su instalación le sigue rápidamente la de los mercaderes, en su mayoría musulmanes de Gujarat. Los ciudadanos procedentes de la India están sujetos a un régimen de segregación bastante duro. Así, los *coolies* (trabajadores agrícolas de origen asiático) no están autorizados a estar con la población blanca. No pueden viajar en el mismo vagón o coche, comer en los mismos comedores, ni tampoco ir a las mismas tiendas. Aunque en el Transvaal se les concede el derecho de poseer tierras, estas están lejos de las ciudades, y los permisos comerciales están sujetos a duras restricciones.

Desde su llegada, Gandhi se enfrenta a esta discriminación. El primer incidente se produce en mayo de 1893 en Durban (provincia de Natal), y está relacionado con su turbante. Aunque se viste con el traje de *gentleman*, lleva la cofia tradicional de su casta. Puesto que para esta descubrirse la cabeza es un signo de humillación, se niega a quitárselo ante el tribunal, y este gesto de desobediencia hace que tenga que marcharse. En su primer combate, bajo la forma de un artículo en el periódico, defiende el derecho de los indios a llevar el turbante. Pocos días después, toma el tren en dirección a Pretoria, capital de la provincia del Transvaal. Aunque tiene un billete de primera clase, le ordenan que se instale en el vagón de los equipajes. Él se niega, por lo que lo lanzan fuera del tren en plena noche. El resto de su viaje es una sucesión de humillaciones, que forjarán su decisión de defender la causa india.

La elaboración de la *satyagraha*

Mientras tanto, su presencia en los círculos cristianos y musulmanes así como su lectura de autores místicos o libertarios lo conducen a una nueva búsqueda espiritual. Aunque la misión que se le había confiado llega a su fin (ha sido capaz de evitar un juicio y ha obtenido una compensación en la disputa entre su cliente Abdullah con un compañero), un proyecto de ley contra el derecho de voto de los indios agita la comunidad de Natal. Entonces, Gandhi decide alargar su estancia y organiza una importante campaña de denuncia de la ley frente a las autoridades de Natal y de Londres. Aunque esto no impide su adopción, Gandhi promueve una nueva dinámica dentro de la población india. En 1894, funda junto con Abdullah el partido del Congreso Indio de Natal, y logra obtener de Londres la prohibición de las leyes raciales discriminatorias. Natal responde en 1897 con el Natal Act, una ley que restringe drásticamente la inmigración.

La guerra de los bóers, que estalla en 1899 entre los británicos y afrikáners, es la ocasión para que Gandhi demuestre su lealtad a la Corona, y la victoria inglesa le deja la esperanza de un mejor destino para los indios en las provincias conquistadas. Se va de Sudáfrica en 1901 con su familia, a la que cinco años atrás había hecho desplazarse para instalarse con él en el continente africano. Pero lo llaman para que vuelva cuando no hace ni un año que se ha ido, durante la visita del secretario de Estado en las colonias, Joseph Chamberlain (1836-1914). Este último se niega a verlo, y Gandhi decide una vez más permanecer en Sudáfrica, esta vez en Johannesburgo.

En 1906, gracias al periódico Indian Opinion, hace que se levanten más de 3000 compatriotas durante una reunión contra la ordenanza de censo y de toma de las huellas dactilares de todos los indios de más de 8 años, entonces obligados a tener un carné de identidad en regla, bajo pena de expulsión. Pero ante el fracaso de la acción y las detenciones que sufren, Gandhi decide endurecer su acción. Además de las manifestaciones y peticiones, pone en marcha un movimiento de desobediencia civil. La *satyagraha* («fuerza de la verdad») debe vencer al enemigo mediante la fuerza moral y no física. Consiste en protestas pacíficas, no violentas, con escansión de consignas y sin resistencia durante las detenciones. En 1908, da ejemplo al quemar su certificado censal y reúne a su alrededor cada vez a más fieles, los satyagrahis. Mientras en 1904 había abandonado su casa de lujo por un áshram fundado en Phoenix, en 1910 crea una granja cooperativa a la que llama Tolstoï Farm, por su amigo e inspiración, el escritor ruso León Tolstoi (1828-1910).

La afirmación de la lucha

En 1909, cuando regresa de Inglaterra, donde había estado abogando en vano por el fin de las deportaciones de satyagrahis a la India, escribe el libro titulado *Hind Swaraj*

(«Autonomía de la India»), animando a su pueblo (en la India esta vez) a la autonomía política, al autogobierno mediante la fuerza de la unidad y de la determinación no violenta.

En 1913, se desata una huelga en las minas. Los trabajadores indios contratados en Sudáfrica se ven obligados a pagar un impuesto de tres libras (destinado a penalizarlos y disuadir la inmigración de nuevos trabajadores), y se niegan a hacerlo. Frente a las medidas de retorsión que adoptan los jefes, Gandhi anima a los huelguistas a caminar desde su lugar de trabajo hasta su granja, es decir, más de 300 kilómetros, en una peregrinación de protesta. Gandhi es detenido de nuevo y las relaciones con el gobernador de la nueva Unión de Sudáfrica, Jan Smuts (1870-1950), se recrudecen. Sin embargo, en mayo y junio de 1913, Gandhi logra obtener la firma del Indian Relief Act, que suprime el impuesto de tres libras, autoriza las bodas indias y restablece los derechos de los antiguos residentes.

En 1914, Gandhi decide abandonar Sudáfrica y regresar a la India.

LA INDIA: DE LA LEALTAD A LA AUTONOMÍA

Durante los veinte años que pasa en Sudáfrica, Gandhi mantiene fuertes vínculos con la India. Durante su breve retorno entre 1901 y 1902, se había parado en Calcuta para participar en la fundación del Congreso de la India, del que quería conseguir la movilización sobre el tema de las colonias, y había realizado una estancia también en Bengala, donde se había encontrado con muchos activistas políticos. En 1909, su *Hind Swaraj* se dirige al subcontinente, y no a los indios de

Sudáfrica. En 1912, en su granja del Transvaal, recibe la visita de Gopal Krishna Gokhale (1866-1915), el líder nacionalista del Partido del Congreso. Asimismo, cuando llega en 1915, es una figura reconocida.

Se une al Congreso de la India, del que lamenta las divisiones internas entre el ala radical dirigida por Bal Gandaghar Tilak (1856-1920) y el ala reformista dirigida por los laicos Jawaharlal Nehru y Sardar Vallabhbhai Patel (1875-1950), y entre los hindúes y musulmanes de Ali Jinnah. Se instala en un áshram y rápidamente retoma sus acciones de lucha contra la desigualdad. En 1917, se implica con los cultivadores de índigo de Champaran que se levantan contra la opresión de los plantadores, rompiendo por primera vez la regla de las castas. También se acerca a los intocables, a los que llama «hijos de Dios» (*harijans*), denunciando su exclusión de cualquier forma de humanidad. Organiza a *satyagrahas* contra los impuestos coloniales y los impuestos discriminatorios, como en 1908 para defender a los campesinos de Kheda, víctimas de las inundaciones. Cuando en 1919 la Rowlatt Act extiende el estado de emergencia establecido durante la Primera Guerra Mundial y provoca una serie de medidas represivas y liberticidas, Gandhi lanza una consigna de cese de toda actividad (*hartal*) y en todo el país se llevan a cabo numerosas manifestaciones. La de Amritsar, el 13 de abril de 1919, en el estado de Punyab, es el escenario de un tiroteo mortífero ordenado por el general británico Reginald Dyer (1864-1927). Causa la muerte de 379 personas y más de mil heridos. Ante el horror perpetrado, Gandhi decide pasar de la desobediencia civil a la no cooperación total. Insta a los indios a rechazar cualquier participación en las instituciones coloniales, boicoteando tanto a las administraciones (justicia, escuela, etc.) como a los productos importados de Inglaterra, en especial a la ropa. Este programa es aprobado por el Congreso en 1920, pero suspendido tras el incendio de una caserna de policías británicos en Chauri Chaura, provocado por indios, que deja 23 víctimas entre la policía y que conlleva la detención de Gandhi y de varios de sus militantes.

Liberado en 1924 por razones médicas (operación de apendicitis), establece nuevos medios de acción, como el ayuno y la peregrinación, inspirado por la marcha de los mineros en 1913. Así, entre el 12 de marzo y el 5 de abril de 1930, realiza a pie los 400 kilómetros que separan su áshram en Sabarmati (Gujarat) del mar, para denunciar el monopolio británico sobre la sustracción de la sal y el impuesto a la que está sometida. Seguido por muchos peregrinos, su gesto anima a miles de indios a recoger la sal por sí mismos. Gandhi es detenido de nuevo, y unos 60 000 militantes también. El 5 de marzo de 1931, un pacto firmado con el virrey de la India, lord Edward Wood Irwin (1881-1959), permite la liberación de los presos políticos y la participación del Congreso de la India en una mesa redonda en Londres sobre el estatus de la India, a cambio del fin de la desobediencia civil. Pero las conferencias de Londres son un fracaso. La ruptura entre Gran Bretaña y la India se consuma.

UNA CELEBRIDAD INTERNACIONAL

La reputación de Gandhi no se limita al mundo colonial británico. En el momento del desarrollo de los medios, y gracias a su gusto por la correspondencia y los viajes, Gandhi es una celebridad internacional. Durante su visita a Londres en 1931 para las mesas redondas sobre el estatus de la India, realiza una gira entre los intelectuales, pero también por la clase obrera. Irónicamente, visita a los trabajadores ingleses del sector textil hacia el que, sin embargo, inició el boicot en la India, que le reciben con una calurosa bienvenida, así como a las militantes feministas pacifistas.

Romain Rolland (escritor francés, 1866-1944), que publica una biografía de Gandhi en 1924, es menos entusiasta. Sentía una admiración sin límites hacia el Mahatma, pero se muestra un poco decepcionado por la obstinación del hombre que intenta, con dulzura pero con mucha intransigencia, imponer sus puntos de vista. En Francia, su llegada y su conferencia son aplaudidas por miles de admiradores.

Los periodistas estadounidenses, por su parte, siguen todos sus gestos, transmitiéndolos en los periódicos y en las novedades cinematográficas del momento. No obstante, también protagoniza episodios más controvertidos, como su visita a Mussolini (hombre de Estado italiano, 1883-1945) y sus cartas a Hitler (hombre de Estado alemán, 1889-1945), que firma con un «tu amigo» cordial mientras les exige que abandonen sus ideas bélicas.

HACIA LA INDEPENDENCIA

El momento en que se desencadena la Segunda Guerra Mundial (1939-1945), el Congreso de la India está profundamente dividido entre corrientes que piden diferentes reformas. La Liga Musulmana de Ali Jinnah se ha disociado, pidiendo la creación de un Pakistán musulmán independiente, y las rivalidades han deteriorado las relaciones entre Patel y Nehru. Gandhi toma distancia, decepcionado por estas disputas internas que debilitan las relaciones de poder con la potencia imperial que, sin embargo, había concedido a Patel una nueva constitución más autonomista en 1935 (Government of India Act). Pero el estallido de la guerra suspende esta última, ya que Londres desea someter de nuevo a la India a un estado de emergencia para apoyar a Gran Bretaña en sus batallas en Asia. Esto provoca la rebelión del Congreso y de Gandhi, que se niegan a ayudar a la autoridad colonial sin el acuerdo de la independencia total. Gandhi lanza la campaña de desobediencia civil individual (DCI), llevada a cabo por manifestantes que, hilando la rueca, pronuncian un lema escrito por él. El primer ministro británico Winston Churchill (1874-1965) se opone categóricamente a toda idea de independencia. Frente a la globalización del conflicto y al temor de ver al territorio indio convertido en el escenario de enfrentamientos entre algunos líderes indios pro-aliados y otros pro-japoneses, el 8 de agosto de 1942, Gandhi pronuncia su discurso titulado «*Quit India*», en que se solicita expresamente la partida de los ingleses y dirige a toda la población un nuevo *satyagraha* con esta sola consigna. Comienza entonces una serie de ayunos. Después de sangrientos disturbios en todos los países que causan más de 1000 muertes, Gandhi es sometido a arresto domiciliario en el palacio de Pune, donde muere su esposa Kasturba. Es puesto en libertad el 6 de mayo de 1944.

Durante los tres años que todavía separan a la India de la independencia, se aparta un poco a Gandhi de lo que está en juego entre Gran Bretaña, el Congreso y la Liga Musulmana. A pesar de todo, Gandhi continúa intentando convencer a Ali Jinnah de que renuncie a sus voluntades separatistas, y a Nehru de que sea más conciliador con él. Frente a las matanzas y disturbios que tienen lugar entre musulmanes e hindúes en Bombay, Calcuta o incluso en Noakhali, emprende huelgas de hambre, realiza peregrinaciones de pueblo en pueblo, instando a los indios a reconciliarse. Pero su impotencia lo consume y, el 15 de agosto de 1947, en que se produce la independencia y la partición de la India en dos estados, es un día de luto para él.

LA SIMPLICIDAD VOLUNTARIA, ARMA MORAL Y POLÍTICA

Influenciado por su acercamiento a diferentes religiones y por su lectura del pintor y ensayista inglés John Ruskin (1819-1900), que denuncia la sociedad de consumo de la civilización industrial en la que vive, y también por la de Henry David Thoreau (filósofo estadounidense, 1817-1862), quien desarrolla las teorías de la simplicidad voluntaria y de la desobediencia civil, o del escritor ruso libertario León Tolstoi, Gandhi forja un pensamiento filosófico particular. Comienza a experimentar con el concepto de la simplici-dad voluntaria en la comunidad que reúne en Phoenix, en

Sudáfrica, y continúa en la Tolstoï Farm. Allí, participa en diversas tareas diarias, abogando por la autosuficiencia mediante el cultivo de la tierra o incluso la elaboración del pan. Pero este proceso material viene rápidamente acompañado de una crisis espiritual. Deseando dedicarse plenamente a la vida política, de ser un reformador modelo, tiene que ser intachable, como los brahmanes. Asimismo, decide renunciar a todas las formas de placeres inútiles. En 1906, hace un voto de pobreza, de castidad y de humildad. A este respecto frecuenta a menudo a los intocables o a los agricultores indios. Él, que se había hecho fuerte amoldándose a la cultura de la sociedad británica, renuncia al traje en los años 1910 para llevar la ropa tradicional, primero campesina y, a continuación, una sencilla *khadi* (falda de algodón), de la que él mismo hila el algodón. Además de afirmar su determinación de trascender las castas, también es una forma no violenta de reclamar el uso del algodón indio y negar el uso de ropa importada de Inglaterra.

Gandhi hilando. Foto sacada en los años veinte.

Vegetariano desde hace mucho tiempo, predica la frugalidad alimentaria, practica el ayuno y rechaza la atención médica.

Asimismo, trata de fomentar una reforma del hinduismo. Aunque defiende el sistema de castas, desea suavizarlo en favor de los intocables: exige que se reconozca su humanidad y que sean aceptados en los templos.

Gandhi, al igual que la política, va a llevar a cabo una dura lucha contra sus propias debilidades. Reconoce que le gustan los placeres de la sexualidad y de la buena comida. Esta práctica de la simplicidad voluntaria que lleva a cabo en la India, en los áshrams, le ha dado una imagen de hombre santo, de los brahmanes de los que no podía formar parte por no haber nacido en su casta, pero a cuyo destino aspiraba. Pero detrás del carismático Gandhi vive un Gandhi enfrentado a las dificultades de una vida ideológica y familiar compleja.

REPERCUSIONES

LA HUMANIDAD DE UN SÍMBOLO: REALIDADES Y CONTROVERSIAS

La no violencia, ¿una estrategia más que una convicción?

Los posicionamientos públicos de Gandhi llamando a la tolerancia y la hermandad enmascaran una realidad mucho más compleja. De hecho, Gandhi tiene una serie de posiciones ideológicas muy controvertidas y un vínculo con la imagen particular. Durante su estancia en Sudáfrica, se hace firme defensor de la causa india, pero se preocupa poco por el destino de los pueblos africanos. Reconoce que no tiene nada en contra de ellos, pero no está libre de prejuicios raciales, describiéndoles a veces como perezosos o estúpidos. Además, sabe que tomar una posición a favor de ellos podría ofender a las autoridades británicas, cuyo apoyo necesita para hacer frente a los afrikáners. Nelson Mandela (abogado y hombre de Estado sudafricano, 1918-2013), que dirigirá el ANC (Congreso Nacional de Sudáfrica) inspirado por el Congreso Indio de Natal de Gandhi, y heredero en un primer momento de los métodos de resistencia no violenta, evocará el uso de la misma por Gandhi con propósitos estratégicos más que por un ideal moral.

Un padre y un esposo autoritario

Gandhi tiene también una relación compleja con las mujeres. Sujeto a apetitos carnales que decide controlar mediante la abstinencia sexual, le resulta muy difícil considerarlas como iguales. Le cuesta aceptar que su esposa Kasturba pueda discutir las decisiones que trata de imponerle. Así, esta debe someterse a las opciones de vida rudimentarias impuestas por Gandhi, como la negativa a que sus hijos reciban ayuda médica, apoyarlo en su lucha y enfrentarse a la prisión, a veces en contra de sus propias convicciones.

A causa de su voto de abstinencia, Gandhi rechaza todo lo que se refiere al deseo, masculino y femenino, lo que lo lleva a posicionarse en contra de la anticoncepción y causará grandes tensiones entre él y su hijo mayor. Después de la muerte de la primera esposa de Harilal, Gandhi se niega a que se vuelva a casar, exigiéndole que renuncie a los placeres de la carne como él. También lo condena por su conversión al Islam, no por rechazo hacia esa religión, sino porque lo ve como una provocación contra él y un riesgo que podría empañar su imagen.

Además, dos de sus hijos, Harilal y Manilal, acusan a su padre de haber sacrificado su educación para su plan personal. Durante el periodo de África, en lugar de permitirles que siguieran su educación en escuelas privadas, algo que Gandhi ve como un privilegio en comparación con los otros indios y que, por tanto, no se lo permite ni moral ni estratégicamente, los confía a institutrices y a Kasturba, que solamente tiene nociones de instrucción. Del mismo modo, se niega a enviarlos a estudiar a Londres, considerando que no podía dar la imagen, por un lado, de un defensor de la causa nacionalista india y, por el otro, la de un oportunista aprovechando los atractivos de la potencia colonial.

Una posición ambigua con respecto a los intocables

Este deseo de omnipotencia en la esfera familiar también se aplica a su entorno político. Con los mismos medios que utiliza para que las autoridades sudafricanas o británicas se dobleguen, intenta varias veces que el Congreso se sume a su propia concepción de las cosas, o se aleja de él, cuando considera que no se le escucha. Así, cuando el representante de los intocables Bhimrao Ram-ji Ambedkar (abogado y político indio, 1891-1956) obtiene en 1932 un electorado separado, Gandhi inicia una huelga de hambre para revocar la decisión que considera como una amenaza para la unión india. Sale ganando, contra la propia voluntad de los intocables. Aunque se les reservan 148 escaños en las asambleas provinciales, tienen que obtener los votos de las otras castas para conseguirlos, lo que es casi imposible en la sociedad india, que les ve como impuros. Gandhi defiende su educación, su acceso a los templos, manteniendo las castas. Los intocables le reprochan hoy en día haber retrasado, así, su acceso a la igualdad social.

EL ASESINATO DEL MAHATMA Y LA SACRALIZACIÓN DEL PADRE DE LA NACIÓN

El 30 de enero de 1948, cuando Gandhi va camino de su lugar de plegaria en Delhi, habiendo iniciado un ayuno y con la intención de llegar a Pakistán para intentar acabar con las masacres del lugar, Nathuram Godse lo asesina. Durante el proceso que tendrá lugar posteriormente, el hombre que pone fin a la vida de Gandhi explicará que no tenía nada en contra de la persona del Mahatma, al que admiraba por su valentía, pero que no podía tolerar el apoyo que representaba para los musulmanes. El 15 de noviembre de 1949 cuelgan a Nathuram Godse.

El funeral de Gandhi, incinerado a orillas de un afluente del Ganges, reúne a cerca de dos millones de personas, entre los que se encuentran los representantes de la independencia, lord y lady Mountbatten, así como Nehru y Patel. Sus cenizas se trasladan en tren hacia Allahabad para lanzarlas al Ganges. Ironía del destino: Gandhi no logra consolidar la unidad de su pueblo en vida, pero su muerte hace que el Congreso no se divida, acercando a Patel y Nehru, y evita así una escalada de las represalias de los hindúes contra los musulmanes. Efectivamente, el hecho de ver a uno de los suyos llegar hasta el extremo de matar al padre de la nación en nombre de su religión enfría la voluntad de venganza.

UNA INDEPENDENCIA SANGRIENTA Y TRANSFORMADORA

Así pues, en agosto de 1947, son dos los estados que alcanzan la independencia. Pakistán se divide en dos entidades geográficas separadas por unos 1500 kilómetros: el Pakistán oriental, dentro de la Unión de la India, y el Pakistán occidental. Esta separación desencadena movimientos de población que se llevan a cabo en medio del caos y resultan sangrientos. Desde finales del año 1947, estalla el primero dentro de una sucesión de conflictos indo-pakistaníes sobre la región Cachemira, que desde 1949 está dividida por una línea de cesación del fuego.

Pero la Unión de la India, bajo la dirección de Jawaharlal Nehru, consigue llevar a cabo una política de desarrollo sin precedentes, bastante alejada de la visión de Gandhi. Reanima la economía gracias a grandes obras públicas, al desarrollo de una industria pesada y de una agricultura orientada hacia la autosuficiencia. Este último objetivo se alcanzará gracias a la revolución verde iniciada por el sucesor de Nehru a principios de los años sesenta.

Asimismo, Nehru desarrolla un programa social laico, orientado hacia la educación y el desarrollo de las zonas rurales gracias a una economía socialista. Aunque la constitución prevé la prohibición de las discriminaciones vinculadas con las castas, estas no serán abolidas de forma oficial hasta 1950. Sin embargo, su supresión institucional todavía no ha penetrado en la mentalidad colectiva.

Nehru también está tras el origen de la no alineación. En un mundo marcado por la guerra fría, en 1955 preside en Bandung una conferencia en la que rechaza hacer entrar a su país en una lógica partidista cualquiera.

EN RESUMEN

- Mohandas Karamchand Gandhi nace el 2 de octubre de 1869 en Parbandar, en el estado de Gujarat, del que su padre es el primer ministro.
- Se casa con Kasturba Makanji en 1882, y en 1886 se pro-

duce el nacimiento de su primer hijo, que nace muerto.

- En septiembre de 1888, poco después del nacimiento de su hijo mayor Harilal, Gandhi viaja a Londres con el fin de estudiar derecho allí. En 1891 es admitido en el colegio de abogados. De vuelta a la India, celebra la llegada de su segundo hijo, Manilal, en octubre de 1892.
- En 1893, su gabinete de abogados le encarga la misión de defender los intereses de clientes que comercian en Sudáfrica. Una vez allí, lo contrata la organización de los mercaderes indios de Durban para organizar la lucha contra las leyes discriminatorias del estado de Natal.
- Tras un breve retorno a la India entre 1901 y 1903, durante el que crea su propio gabinete, vuelve a Sudáfrica con su familia, que ya tiene dos hijos más. Allí continúa su lucha, creando el Indian Opinion, un periódico de opinión, y aplica su teoría de la desobediencia civil (*satyagraha*). Funda una granja cooperativa donde se juntan sus discípulos.
- En 1915, vuelve a la India, se instala en un áshram y desarrolla la *satyagraha* con las poblaciones campesinas, contra la opresión colonial británica.
- En 1930, Gandhi organiza la marcha de la sal contra el monopolio británico y comienza huelgas de hambre.
- En 1942, pronuncia el discurso «*Quit India*», que pide a los ingleses que se vayan del territorio indio.
- El 15 de agosto de 1947, se declara la independencia de la India. La división entre la Unión de la India y Pakistán causa masacres de hindús en las fronteras de ambos estados.
- El 30 de enero de 1948, un fanático hindú asesina a Gandhi en Delhi.

PARA IR MÁS ALLÁ

FUENTES BIBLIOGRÁFICAS

- Deliège, Robert. 1999. *Gandhi*. París: PUF, colección *Que sais-je?*
- Khémis, Stéphane y Valérie Hannin. 2013. "Gandhi, au-delà de la légende". *L'Histoire*, n.º 393.
- Gandhi, Rajmoha. 2008. *Gandhi, sa véritable histoire par son petit-fils*. París: Buchet-Chastel.
- Mandon, Guy. 2007. *Les mutations de l'économie mondiale au XXe siècle: d'une internationalisation à l'autre*. París: Sedes.
- Markovits, Claude. 2000. *Gandhi*. París: Presses de Sciences-Po.
- Ministère des Affaires étrangères. 2004. *Documents diplomatiques français: 1946, (1er juillet-31 décembre)*. París: Peter Lang.
- Roy, Laurence. 2002. *Gandhi*. París: Hachette.

FUENTES ICONOGRÁFICAS

- Gandhi (en el centro) delante de su bufete de abogados, 1905. La imagen reproducida está libre de derechos.
- Gandhi recogiendo la sal en la playa el 5 de abril de 1930, al final de la marcha de la sal. La imagen reproducida está libre de derechos.
- Gandhi hilando. Foto sacada en los años veinte. La imagen reproducida está libre de derechos.

PELÍCULA Y DOCUMENTALES

- *Gandhi.* Dirigida por Richard Attenborough, con Ben Kingsley, Candice Bergen y Rohini Hattangadi. India y Reino Unido, 1982.
- *Les Grandioses funérailles de Gandhi.* Documental del *INA.* Francia, 2015.
- *Les Moussons intimes, sur les traces du Mahatma Gandhi.* Documental de Alain Gordon-Gentil y de Fared Jangeer Khan. Francia e Italia, 2005.
- *Inde 2009, sur les traces de Gandhi.* Serie web documental de Arte Reportage. Francia, 2009.

NOVELA

- Collins, Larry y Dominique Lapierre. 2010. *Esta noche la libertad.* Barcelona: Planeta.

¡APRENDER NUNCA ANTES FUE TAN RÁPIDO!

www.en50minutos.es

www.en50Minutos.es

ISBN ebook : 9782806277473

ISBN papel : 9782806281449

Depósito legal : D/2016/12603/200

Libro realizado por Primento, *el socio digital de los editores*